Erfolg durch

„Konzentration " und

„Fokussieren ",

Konzentriert arbeiten, Konzentration steigern

und Fokus schärfen.

Ziele setzten für mehr Erfolg im Leben.

Autoren M. Rock und D. Leben

Inhaltsverzeichnis

<u>Vorwort</u>

Hast Du Schwierigkeiten damit dich zu
konzentrieren? Hast Du das Gefühl viel zu machen,
aber trotzdem im Leben nicht weiter zu kommen?
Dann hast Du genau zum richtigen Buch gegriffen! In
diesem Buch werde ich dir nämlich zeigen wie Du
deine Konzentration steigern kannst und somit auch
erfolgreicher und glücklicher im Leben wirst. Dein
Erfolg im Leben ist nämlich kein Zufall. Du hast ihn
selbst in der Hand und kannst ihn auch in eine
gewisse Richtung steuern. Wer lernt sich richtig zu
konzentrieren und seinen Fokus zu stärken, wird in
seinem alltäglichen Geschehen auch weiter kommen.

Zu Beginn des Buches werden wir den Ursachen von
Konzentrationsmangel nachgehen. Es ist wichtig zu
wissen warum man sich nicht konzentrieren kann, um
im Nachhinein das Problem zu lösen. Dabei belassen
wir es, aber nicht! Nachdem Du die wichtigsten
theoretischen Grundlagen vermittelt bekommen hast,
machen wir mit der Praxis weiter.

Der praktische Teil ist nämlich mindestens genauso wichtig. In dem nächsten Kapitel werde ich dir gleich das 1x1 für mehr Konzentration im Alltag mitgeben. Die Strategien in diesem Kapitel kannst Du direkt in die Tat umsetzen. So hast Du die Möglichkeit schon mit wenigen Schritten große Dinge zu erreichen.

Im weiteren Verlauf werde ich dir noch konkrete Techniken mit an die Hand geben. Dazu gehören beispielsweise die Pomodoro-Technik und das Eisenhower-Prinzip, worauf wir in diesem Buch genauer eingehen werden. Hierbei handelt es sich nicht nur um einfache Tipps. Diese Strategien sind dafür gemacht, um dein Leben grundlegend zu verändern. Wenn Du diese Techniken umsetzt, dann wirst Du schon nach wenigen Wochen große Veränderung in deinem Leben wahrnehmen können. Wichtig ist auch, dass Du selbst ausreichend Bereitschaft zur Veränderung mitbringst. Nur auf diese Art und Weise kannst Du auch wirklich etwas verändern.

<u>**Erfolg durch Konzentration und Fokus:**</u>

<u>**Durch Konzentriert arbeiten,**</u>

<u>**Konzentration steigern, Fokus schärfen**</u>

<u>**und Ziele setzten**</u>

<u>**für mehr Erfolg im Leben**</u>

Wer will nicht schon mehr im Leben erreichen und einfach erfolgreicher werden? Ein Gedanke, der wahrscheinlich bei jedem vorschwebt. Dennoch scheint dieser große Wunsch nicht so einfach in der Realität umsetzbar zu sein. Das richtige Know-How gehört nun mal auch dazu, um im Leben erfolgreich zu sein. In diesem Buch werde ich das Expertenwissen mit an die Hand geben und dir zeigen wie Du in wenigen Schritten dein Leben komplett auf den Kopf stellen kannst. Das Schlüsselwort lautet hier wieder ,,Gewohnheiten! Dein jetziges Leben baut auf Gewohnheiten auf. Diese hast Du dir mit den Jahren angeeignet.

Das Problem ist, jedoch, dass nicht alle Gewohnheiten positiv sind. Es gibt Gewohnheiten, die uns ablenken und die schlussendlich dazu führen, dass wir von unseren eigentlichen Zielen abkommen. Man kann Gewohnheiten nicht nur installieren, sondern auch wieder abbauen, wenn sie einem schaden. Das ist ebenfalls ein Themenfeld, das wir in diesem Buch behandeln werden.

Wenn Du Probleme damit hast dich im Alltag zu konzentrieren und fokussiert an einer Sache zu arbeiten dann hast Du genau zum richtigen Buch gegriffen. Ausreichend Konzentration kannst Du dir wie viele andere Dinge im Leben antrainieren. Der Wille dahinter spielt auch eine wichtige Rolle. Wenn Du nicht ausreichend Motivation hast, um eine Sache erfolgreich durchzuführen, dann wirst Du auch nicht durchhalten und nach kurzer Zeit wieder aufgeben. Du hast das eventuell schon selbst in deinem Leben erlebt.

Das Jahr bahnt sich langsam dem Ende an. Man will endlich sein Leben verändern und ein glücklicheres und erfolgreicheres Leben führen. Also entscheidest Du dich dazu eine Liste zu erstellen. Die ersten Wochen im Januar gehst Du diesen Ziele auch noch motiviert nach. Nach einigen Wochen stellst Du, aber fest wie diese Motivation immer weiter schwindet bis Du letztlich überhaupt keine Motivation mehr hast und deine Vorsätze über Bord schmeißt.

Das ist jedem von uns schon mal passiert. Diese negativen Ereignisse sind an sich auch nicht schlimm, wenn wir aus ihnen lernen. Das kannst Du einfach dadurch, indem Du dich fragst was Du beim nächsten Mal besser machen kannst. In diesem Buch werde ich dir zeigen wie Du Schritt für Schritt deine Konzentration verbessern kannst. Das wird sich nicht nur auf deine Karriere besser auswirken, sondern auch in anderen Bereichen deines Lebens.

Unser soziales Miteinander läuft auch nicht so wie wir es uns vorgestellt haben. Das bedeutet, aber noch lange nicht, dass wir nichts daran verändern können. Wenn Du in einer unglücklichen Beziehung steckst oder dich ständig mit Freunden umgibst, die dich die ganze Zeit runter ziehen dann wird sich das auch automatisch negativ auf dich und dein Leben auswirken. Oftmals unterschätzen wir wie groß der Einfluss von anderen Menschen auf uns selbst sein kann. Wir werden, aber ständig von anderen Menschen geprägt und das ohne, dass wir etwas davon bemerken. Diese Prozesse laufen, jedoch in den meisten Fällen unbewusst ab. Unsere Persönlichkeit formt sich auch nicht über Nacht, sondern erst über Jahre hinweg. Da alles in das Unterbewusstsein gedrängt wird, bemerken wir in den meisten Fällen jedoch gar nichts davon. Damit ist nun Schluss! Ich werde dir zeigen wie Du deine Konzentration Schritt für Schritt verbessern kannst. So kannst Du in allen Bereichen deines Lebens erfolgreich und glücklich werden.

<u>Warum wir ständig unkonzentriert sind</u>

Wir leben in einer Welt, die sich ständig verändert.

Sehr schnell verlieren wir im Alltag dabei unsere Konzentration. Die meisten Menschen wissen nicht woran das liegt, aber wollen so schnell wie möglich etwas daran verändern. Das können wir, aber nur, wenn wir die Hintergründe kennen. In diesem Kapitel werde ich dir erklären warum es den meisten Menschen so schwer fällt sich im Alltag zu konzentrieren.

Grund Nr.1 - Ablenkungen und Unterbrechungen:

Ablenkungen und Unterbrechungen sind der Grund Nr.1 warum wir uns nicht konzentrieren können. Wir leben in einer Welt, wo wir ständig von neuen Eindrücken umgeben sind. Egal ob es Musik, der Baulärm oder ein Video auf Youtube sind. Diese Dinge können uns schnell unseren Fokus rauben. Social Media steht ebenfalls ganz weit oben auf der Liste.

Grund Nr.2 - Zu wenig Erfahrungen und Mangel an Übungen:

Konzentration ist eine Fähigkeit wie jede andere im

Leben. Wir können sie erlernen oder einfach ablegen.

Wenn wir keinerlei Erfahrungen haben uns im Alltag

zu konzentrieren, dann wird es uns auch schwerer

fallen diese Gewohnheit in unserem Leben zu

implementieren. Das sollte uns selbst, aber noch nicht

davon abhalten an dieser Stelle zu arbeiten und uns

weiter zu entwickeln.

Grund Nr.3 - Zu wenig Frustrationstoleranz

Nicht immer wird alles im Leben so laufen wie wir es

uns vorgestellt haben. Es kann auch passieren, dass

ein Plan genau nach hinten losgeht. Menschen

reagieren auf solche Situationen komplett

unterschiedlich. Es gibt Menschen, die aus diesen

Situationen neue Motivation ziehen und sich fragen,

was sie beim nächsten Mal besser machen können.

Diese Menschen sind im Durchschnitt erfolgreicher.

Dann gibt es, aber auch wieder Menschen, die eine

ziemlich geringe Frustrationstoleranz haben. Diese

Menschen regen sich sehr schnell auf und denken,

dass es das Ende der Welt ist. Wenn Du dich im Alltag

nicht richtig konzentrieren kannst, kann das auch

daran liegen, dass Du schlichtweg eine zu kleine

Frustrationstoleranz hast.

Grund Nr.4 - Zu wenig Interesse und Motivation:

Die Motivation hinter einer Sache wird heutzutage zu sehr unterschätzt. Du kannst in keiner Sache wirklich erfolgreich sein, wenn Du keine Motivation und kein Interesse hast. Den Mangel an Interesse betont der weltweitbekannte Motivationssprecher Anthony Robbins in seinen Reden immer wieder. Wenn Du dich also bei einer bestimmten Arbeit schwer konzentrieren kannst, frage dich zuerst was die Motivation dahinter ist. Vielleicht wirst Du auch feststellen, dass Du in Wirklichkeit überhaupt keine Motivation hast.

Grund Nr.5 - Du schiebst alles auf:

„**D**as mache ich morgen". Diesen Satz hat bestimmt

schon jeder einmal zu sich selbst gesagt. Oftmals ist

es ein Teufelskreis, aus dem man nur sehr schwer

herauskommt. Wenn man nämlich einmal damit

angefangen hat eine Sache aufzuschieben, dann

macht man bekanntlich auch damit weiter. Wenn es

dir also schwer fällt dich auf eine Sache zu

konzentrieren, dann solltest Du dich selbst fragen, ob

Du alles aufschiebst oder nicht. Auf diese Art und

Weise kannst Du eine Menge verändern.

Grund Nr.6 - Du hast keinen Plan:

Eine Vision im Leben zu haben ist immer der erste richtige Schritt. Damit ist es, aber noch lange nicht getan. Das ist nicht das einzige worauf man achten sollte. Wenn Du keinen Plan hast und nicht weißt, was deine konkreten Schritte sein werden, dann wird dich eine Vision im Leben auch nicht sonderlich weiterbringen. Deswegen ist es hilfreich an dieser Stelle genauer hinzuschauen.

Grund Nr.7 - Überlastung und Zerstreutheit:

Vielleicht hast Du dir momentan zu viele Projekte an Land gezogen. In diesem Fall kann sich dein Gehirn ziemlich schnell zerstreut und überlastet fühlen. Das ist vollkommen normal. Wenn Du dich nicht konzentrieren kannst, schau also einfach mal hin, ob Du dich selbst nicht übernommen hast. So kannst Du später viel mehr erreichen.

Grund Nr.8 - Müdigkeit und Stress:

Unser Körper hat immer einen direkten Einfluss auf

unserer Psyche. Wenn wir müde sind, dann sind auch

weniger dazu bereit mehr Dinge zu leisten und wirklich

produktiv zu sein. Beobachte dich also selbst einfach

mal die Tage und schau, ob Du zu wenig Schlaf

abbekommen hast. Müdigkeit kann auch eine Ursache

für einen tagtäglichen Konzentrationsmangel sein.

Genauso sieht es mit Stress aus. Zu viel Stress von

Außen kann uns unkonzentriert und zerstreut machen.

Sozialer Stress hat beispielsweise sehr viele negative

Auswirkungen auf unseren Körper und führt auch

dazu, dass wir uns bei einem großen Projekt nicht

richtig konzentrieren können. Unsere Gedanken

schwenken oftmals in eine komplett andere Richtung.

Grund Nr.9 - Emotionale Instabilität:

Gefühle und Emotionen hat jeder von uns im Leben.

Es sind nicht die Gefühle und Emotionen an sich, die
uns außer Bahn bringen, sondern die Art und Weise
wie wir mit diesen Gefühlen und Emotionen umgehen.
Es gibt Menschen, die sehr gut mit ihren Emotionen
umgehen können und auch keine Probleme haben
sich zu öffnen. Diesen Menschen fällt es auch nicht
schwer sich mit anderen Leuten über ihre Emotionen
zu unterhalten. Dann gibt es wiederum Menschen, die
mit einer großen emotionalen Instabilität zu kämpfen
haben. Das Gleichgewicht der eigenen Emotionen ist
in diesen Fällen meistens schon verloren gegangen.
Bestimmte Ereignisse wie der Tod einer wichtigen
Person oder ein Beziehungsende kann uns ebenfalls
emotional beeinflussen. In dieser Phase sollten wir
uns nicht zu viel vornehmen. Stattdessen sollten wir
uns zuerst mit unserem emotionalen Innenleben
beschäftigen und lernen besser mit unsere Gefühlen
umzugehen. Sobald Du das geschafft hast, wird sich
deine Konzentration auch direkt verbessern.

Grund Nr.10 - Du hast eine zu negative Einstellung:

Die Sicht auf bestimmte Dinge verändert natürlich

auch deine Arbeitsweise. Wenn Du mit einer

negativen Einstellung durch den Tag läufst, dann wirst

Du auch automatisch weniger leisten. Das ist logisch.

Wenn es dir also schwer fällt an einer Sache

konzentriert zu arbeiten, dann solltest Du dich fragen,

ob Du dich innerlich dagegen währst.

Das 1x1 für mehr Konzentration

Viele Menschen schlagen sich im Alltag mit zu wenig Konzentration herum. Die meisten Menschen wissen nicht einmal woran es liegen könnte. Wir haben schon zu Beginn das Stichwort „Gewohnheiten" angesprochen. Daran werden wir nun auch ansetzen. Du kannst deine Konzentration in wenigen Schritten verbessern. Erwarte aber nicht, dass sich über Nacht eine Verbesserung einstellen wird. Dieser Prozess braucht Zeit und das ist auch vollkommen in Ordnung. Wenn Du dich im Alltag gestresst fühlst und das Gefühl hast den Fokus komplett verloren zu haben, dann werden dir diese Tipps und Tricks auf jeden Fall dabei weiterhelfen mehr Konzentration zu gewinnen.

Tipp Nr.1 - Schalte deine sozialen Medien aus:

Wer schon mal in einem Büro am Computer oder im
Home Office gearbeitet hat, kennt das Gefühl sehr
gut. Wenn man schon mal im Internet ist, will man
schnell mal bei Facebook, Instagram vorbeischauen.
Dann wird noch ein Video auf Whatsapp geschaut und
schon vergisst man wie schnell die Zeit vorbei
gegangen ist. Soziale Medien sind dafür gemacht, um
uns ständig abzulenken. Es gibt sogar Menschen, die
eine Sucht zu Facebook und co. entwickelt haben und
ohne diese Plattformen gar nicht mehr leben
können. Die beste Art und Weise, um dagegen
vorzugehen ist es seine sozialen Medien so gut wie es
geht einzuschränken. Wenn Du zum Beispiel am
Arbeiten bist, dann kannst Du deine Apps in deinen
Einstellungen ausschalten. So musst Du nicht direkt
den Flugmodus auswählen, wenn Du zwischendurch
wichtige Anrufe wahrnehmen musst.

Tipp Nr.2 -Plane Zeit für deine sozialen Medien ein:

Viele Menschen tun sich damit schwer bewusst mit

ihren sozialen Medien umzugehen. Wenn man viel auf

diesen Plattformen aktiv bist oder sogar ein Teil der

Arbeit auf diesen Plattformen angewiesen ist, dann

kann man schnell in eine große Abhängigkeit verfallen

und einen großen Teil seiner Zeit verlieren. Damit Du

nicht auf soziale Medien verzichten musst, aber

trotzdem konzentriert arbeiten kannst, empfiehlt es

sich mehr Zeit für diese Plattformen einzuplanen. So

kannst Du dir beispielsweise 1 Stunde am Vormittag

und 1 Stunde am Abend einplanen. Vor dem Schlafen

gehen solltest Du diese Medien, jedoch meiden. Sie

können deine Schlafqualität ziemlich negativ

beeinflussen. Soziale Medien solltest Du nur nutzen,

wenn sie dich wirklich weiterbringen. Versuche nicht

Zeit auf diesen Plattformen zu verschwenden, weil dir

einfach langweilig ist. Diese Zeit kannst Du auch

besser nutzen.

Tipp Nr. 3 - Jeden Tag nur 1 Video:

Youtube hat mittlerweile das Fernsehen abgelöst.

Das hat Vor- und Nachteile. Der große Vorteil ist natürlich, dass man bei Youtube viel einfacher entscheiden kann, was man schauen will und somit auch mehr Bestimmungsrecht hat. Der Nachteil ist, jedoch, dass man von sozialen Medien genauso abhängig werden kann wie vom Fernsehen. Deswegen sollte man auch hier mit dem richtigen Maß ansetzen. Wenn Du deine Konzentration verbessern willst und mehr Fokus beim Arbeiten haben willst, dann solltest Du nicht mehr als 1 Video am Tag schauen. Wenn Du viel auf Youtube unterwegs bist kann das am Anfang eine große Herausforderung für dich sein. Die Auswahl bei Youtube ist immerhin so groß, sodass man schnell den Überblick verlieren kann. Wenn Du diese Regel, aber einmal in deinem Leben implementiert hast, wirst Du feststellen, dass sich dein Leben direkt zum positiven verändern wird und, dass Du auch viel produktiver arbeiten kannst.

Tipp Nr.4 - Der bewusste Umgang mit sozialen Medien:

Den richtigen Umgang mit sozialen Medien lernen wir nirgendswo. Weder in der Schule noch in der Universität. Obwohl wir in einem Jahrhundert groß geworden sind, wo wir das Internet so oft nutzen wie noch nie zuvor in der Menschheitsgeschichte. Den bewussten Umgang mit den sozialen Medien kann man, jedoch erlernen. Bevor Du Facebook, Instagram und co. öffnest halte kurz Inne. Nimm dir zumindestens ein paar Sekunden Zeit, um dich selbst zu fragen warum Du dieses Medium eigentlich nutzen willst. Wenn Du einen Grund gefunden hast, dann öffnest Du das Medium erledigst deine Aufgabe und verlässt die Seite wieder. Wenn Du diese Gewohnheit in deinem Leben implementiert hast, wirst Du in der Zukunft viel weniger Zeit mit sozialen Medien verschwenden.

Tipp Nr.5 - Multitasking bringt dich weiter:

Oft wird uns von Freunden oder Zeitschriften empfohlen viele Dinge auf einmal zu machen. Dieser Rat nennt sich auch Multitasking. Die Wahrheit ist, jedoch dass Multitasking dich überhaupt nicht weiterbringen wird. Mehrere Studien haben mittlerweile erwiesen, dass unsere Konzentration sinkt, wenn wir zu viele Dinge auf einmal unternehmen. Du solltest also nicht versuchen in einem wichtigen Meeting, noch eine Email zu verfassen, die Beiträge deiner Freunde auf Facebook zu liken und noch ein Telefonat anzunehmen. Beim Autofahren würdest Du immerhin auch keine anspruchsvolle Aufgabe erledigen. Versuche dich stattdessen immer nur auf eine einzige Sache zu konzentrieren. Das kann ein neues Projekt, aber auch eine Besprechung sein. Wenn Du das machst wirst Du feststellen, dass Du viel konzentrierter sein wirst und in kürzester Zeit auch viel mehr erreichen kannst.

Tipp Nr.6 - Nicht zu viel vornehmen:

Wenn Du dich für dieses Buch entschieden hast,
dann hast Du wahrscheinlich noch Probleme damit
dich zu konzentrieren und beim Arbeiten einen
messerscharfen Fokus zu haben. Das ist auch
vollkommen in Ordnung. Du musst nicht über Nacht
zum Top-Unternehmer werden. Das wirst Du auch
nicht schaffen, wenn Du dir zu viel vornimmst. Wir
neigen dazu uns im Alltag zu viel vorzunehmen und
uns damit schlichtweg zu überfordern. Das führt
später dazu, dass wir am Ende gar nichts mehr von
dem schaffen, was wir uns eigentlich vorgenommen
haben. Besser ist es sich nicht zu viel vorzunehmen.
Die Messlatte zu Beginn niedrig anzusetzen kann ein
wenig frustrierend sein. Du wirst, aber feststellen,
dass es genau das ist, was dich weiterbringen wird.
Es geht in erster Linie nämlich darum selbstwirksam
zu´werden. Das schaffst Du nur dadurch, indem Du dir
wenig vornimmst. Im weiteren Verlauf kannst Du dich
immer noch verbessern.

Tipp Nr.7 - Schaffe einen geeigneten Arbeitsplatz:

An einem Schreibtisch wo tausende von Dokumente herumliegen will keiner gerne arbeiten. Vielleicht kennst Du das Gefühl noch selbst aus Schulzeiten. Die richtige Gestaltung vom Arbeitsplatz ist mindestens genauso wichtig wie die Arbeit selbst. Das gilt vor allem, wenn Du noch zur Schule gehst oder die Uni besuchst. Dein Arbeitsplatz sollte dir so viel Platz wie möglich geben. Das bedeutet, dass alles was Du nicht zum Arbeiten brauchst vom Tisch kann. Das kann dein Make-up oder auch ein Videospiel sein. Diese Dinge rauben dir nicht nur wichtigen Platz, sondern auch deine Konzentration. Falls Du noch auf der Suche nach einem geeigneten Arbeitsplatz bist, solltest Du dir einen Ort suchen, der sich möglichst gut zum Arbeiten eignet. Wenn Du die ganze Zeit von Lärm umgeben bist, dann wird das nicht der Fall sein. Als nächstes solltest Du dafür sorgen, dass dein Arbeitsplatz mit ausreichend Licht versorgt ist. In einigen Fällen ist es hilfreich sich eine Lampe zu kaufen. Vor allem im Winter wenn die Temperaturen immer weiter fallen und es dunkler wird, lohnt sich

eine Lampe am Arbeitsplatz. Als nächstes solltest Du
alle Geräusche von deinem Arbeitsplatz entfernen.
Dazu kann dein Musikspieler oder auch dein Handy
gehören. Dein Handy kannst Du beim Arbeiten auf
,,Lautlos" stellen. So stellst Du sicher, dass es dich
nicht ablenkt und nicht deine Aufmerksamkeit raubt.
Falls Du bestimmte Hilfsmittel wie deinen Laptop zum
Arbeiten brauchst, solltest Du ihn für dich bereit
stellen. So brauchst Du später nicht mehr danach zu
suchen, sondern kannst direkt darauf zurückgreifen.

Tricks Nr.8 - Plane Pausen ein:

Wenn Du wirklich produktiv arbeiten willst, dann
solltest Du auch Pausen einplanen. Eine
Konzentrationsphase dauert in der Regel 30 bis 60
Minuten. Diese Phasen werden auch gerne ,,Sprints"
genannt. Nach so einer Phase empfiehlt es sich eine
kleine Pause einzulegen. 10 Minuten sind vollkommen
ausreichend. Frische Luft ist für diese Pausen am
besten geeignet. So kommt dein Stoffwechsel in

Schwung und deine Konzentration steigert sich
ebenfalls. Über mehrere Stunden hinweg ohne
Pausen zu arbeiten kann ziemlich gefährlich werden.
Dehnübungen können ebenfalls ziemlich hilfreich sein,
wenn man über mehrere Stunden auf einem Stuhl
gesessen hat.

Trick Nr.9 -Eine gesunde Ernährung:

Es heißt nicht umsonst :,,Man ist, was man isst".

Wenn Du dich ständig nur von verarbeitenden
Lebensmitteln und Fast-Food ernährst, dann wirst Du
dich auch automatisch schlecht fühlen. Deine
Konzentration wird sinken und dein Fokus wird sich
mit der Zeit auch verschlimmern. Wenn über eine
größere Zeit konzentriert arbeiten willst, solltest Du
deinen Körper mit den richtigen Mineralien und
Vitaminen versorgen. Die beste Art und Weise, um
Geld und Zeit zu sparen ist es selbst zu kochen.
Durch Meal Prepping kannst Du zudem auch eine
Menge Geld sparen. Zu einer gesunden Ernährung
gehört es auch ausreichend zu trinken. 2 bis 3 Liter
Flüssigkeit braucht unser Körper am Tag mindestens.

Oftmals trinken wir, jedoch viel zu wenig. Wenn Du ein bisschen Abhilfe verschaffen willst, kannst Du ein Glas Wasser direkt neben dein Bett stellen. Direkt nach dem Aufwachen hast Du dann die Möglichkeit deinen Körper mit den wichtigsten Nährstoffen zu versorgen. Wenn Du magst kannst Du zwischendurch auch ungesüßten Tee trinken, wenn es dir schwer fällt mit purem Wasser auf deine 2 Liter zu kommen. Auf Softdrinks und gesüßte Getränke solltest Du, jedoch verzichten.

Tipp Nr.10 - Konzentrationsübungen:

Wir haben schon am Anfang festgestellt, dass

Konzentration eine Sache ist die wir erlernen können. Es ist wie ein Muskel, den wir zum wachsen bringen können. Und wie macht man das am besten? Durch Übungen! Auch eine Konzentration kannst Du mit Übungen verbessern. Ich habe für dich extra 3 Übungen zusammengestellt, die sich hierfür am besten eignen.

Buchstaben zählen:

Buchstaben zählen ist eine relativ einfache Übungen
und lässt sich auch mit wenigen Mitteln ausführen.
Nimm dir einen Text oder eine Seite eines Buches
heraus und beginne dann einen Buchstaben wie zum
Beispiel „B" zu zählen. Diese Übungen kannst Du
immer wieder zwischendurch machen, wenn Du das
Gefühl hast, dass deine Konzentration immer weiter
nach unten sinkt.

Schritte zählen:

Eine super Übung, die Du von überall ausüben
kannst. Vor allem wenn Du unterwegs bist. Wenn Du
die Übung ein wenig erschweren willst kannst Du dich
nebenbei auch noch mit jemanden unterhalten. Auf
Dauer wird sich deine Konzentration so verbessern.

Spiegelverkehrt schreiben:

Für diese Übung brauchst Du ein Blatt Papier und einen Stift. Dann beginnst Du einfach damit einen Satz spiegelverkehrt zu schreiben. Wiederhole diese Übung mit verschiedenen Sätzen immer wieder.

Mehr Konzentration durch die Pomodoro Technik

Manchmal fühlen wir uns einfach erschöpft und müde. Dann verschieben wir eine Sache auf Morgen. Am nächsten Tag stellen wir fest wie schnell sich diese Tage verdoppeln. Bevor wir erlernen wie wir mehr Konzentration im Alltag gewinnen können, müssen wir verstehen warum wir Dinge ständig aufschieben. Man kann selbstverständlich nicht alles verallgemeinern. In Wahrheit hat jeder seine eigenen Gründe warum er ständig Dinge aufschiebt. Wenn wir jedoch genauer hinschauen dann können wir schnell einige Muster erkennen.

Bei einigen Menschen ist es die Erschöpftheit. Sie haben sich schlichtweg zu viel vorgenommen. In diesem Moment schaltet unser Gehirn auf den Überlebensmodus. Viele Mechanismen, die heute noch in unserem Gehirn ablaufen haben ihren Ursprung in Wirklichkeit in der Steinzeit. Auch wenn wir Heute keinen lebensbedrohlichen Situationen ausgesetzt sind, reagiert unser Gehirn so als ob es eine wäre.

Den anderen macht eine Aufgabe schlichtweg zu viel Angst. Sie haben einfach Angst, dass alles schief geht und wissen auch nicht wie sich zu verhalten haben, wenn nicht alles so läuft wie man es sich vorgestellt hat. In diesem Fall schaltet unser Gehirn ebenfalls auf „Notfall" und versucht diese Aufgabe so gut wie es geht aufzuschieben. Was wir bei diesem ganzen Prozess, jedoch nicht bemerken ist, dass nicht die Aufgabe an sich das Problem ist, sondern unsere Prokrastination. Wenn wir das erstmal verstanden haben, können wir schon eine Menge verändern. Doch wie erkennt man überhaupt, dass man die ganze Zeit prokrastiniert? Dafür gibt es einige Merkmale. So sind manche Menschen beispielsweise am Anfang total motiviert, aber schaffen es trotzdem nicht konzentriert zu arbeiten. Es gibt auch Menschen, die arbeiten, aber trotzdem niemals fertig werden. Nicht selten haben diese Menschen einen zu großen Drang alles perfekt machen zu wollen. Perfektionismus ist ebenfalls ein großes Problem, was sich in unserem Leben negativ auswirkt. Die gute

Nachricht ist, aber dass Du etwas gegen deine Prokrastination unternehmen kannst.

Es gibt verschiedene Auswege aus der Prokrastination und einen sehr effektiven Weg will ich dir in diesem Kapitel genauer vorstellen. Dieser Ausweg nennt sich die Pomodoro-Technik. Das Gute ist, dass Du diese Technik direkt in die Praxis umsetzen kannst und innerhalb kürzester Zeit schon Ergebnisse sehen kannst. Vor allem dringenden Events, wo Du eine ganz genaue Deadline hast, kannst Du die Pomodoro-Technik direkt anwenden. Innerhalb von wenigen Minuten kannst Du deine Konzentration steigern und so auch deine Produktivität verbessern.

Bevor Du mit dieser Technik beginnst solltest Du dir darüber bewusst werden, dass dich Multitasking nicht weiterbringen wird. Wir haben schon in einem vorherigen Kapitel darüber gesprochen und auch genauer erläutert warum das der Fall ist. Multitasking ist, jedoch immer noch eine Sache, die ständig empfohlen wird. Meistens verlieren wir, aber dabei unsere Konzentration und stellen fest, dass uns das

Leben überholt. In dieser Zeit haben wir auch öfter das Gefühl, dass unsere To-Do-Listen immer länger werden und wir trotzdem nichts schaffen. Vor allem wenn Du wenig Zeit verlieren willst, solltest Du diese Technik in deinen Alltag implementieren.

Am Anfang kannst Du es mit der Pomodoro-Technik noch etwas ruhiger angehen lassen. Zu Beginn geht es darum seine Konzentrationsspanne auszutesten. 10 Minuten reichen hierfür am Anfang vollkommen aus. Stelle deinen Timer auf dem Handy dafür auf 10 Minuten ein. Dann suchst Du dir deine Aufschiebaufgabe aus. Wenn dein Timer dann klingelt und die 10 Minuten zu Ende sind hörst Du auf. Dabei spielt es keine Rolle wie viel Arbeit Du noch hinter dir hast. Die Pomodoro-Technik selbst dauert in der Regel 25 Minuten. Zu Beginn reichen, jedoch 10 Minuten vollkommen aus. Es geht in diesen 10 Minuten darum deinen Fokus für eine Sache zu stärken. Diese Fähigkeit verlieren wir oftmals im Alltag. Stattdessen lassen wir uns ständig ablenken. Versuche stattdessen diese 10 Minuten für dich zu nutzen. Ablenkungen jeglicher Art sind absolutes Tabu.

<u>So funktioniert die Pomodoro-Technik wirklich</u>

Nachdem Du schon eine kleine Übung hinter dir

hattest, wollen wir die Pomodoro-Technik weiter

ausführen. Ich werde dir Schritt für Schritt zeigen, was

Du zu beachten hast und wie Du diese praktische

Technik für dich persönlich nutzen kannst.

Schritt Nr.1 - Die Aufgabe bestimmen:

Zu allererst musst Du deine Aufgabe bestimmen.

Wichtig ist es sich nur eine einzige Sache

vorzunehmen. Zu viele Projekte auf einmal werden dir

die Aufmerksamkeit rauben. So kann eine wichtige

Doktorarbeit beispielsweise über mehrer Monate

dauern und viele Pomodori benötigen. Das ist auch

vollkommen in Ordnung. Du musst, jedoch nicht alles

in einem Durchgang abarbeiten. Versuche den großen

Kuchen, aber in kleine Teile einzuteilen.

So wirst Du dein Ziel am Ende auch mit großer
Wahrscheinlichkeit erreichen. Dazu wird dein
Erfolgserlebnis bei dem Prozess auch viel größer sein.
Ein großes Ziel lässt sich beispielsweise in 8 Einheiten
unterteilen und so der Erfolg auch größer werden.

Schritt Nr.2 - Eine Pause gönnen:

Pausen haben bei der Pomodoro-Technik ebenfalls

einen großen Bestandteil. Wenn man beispielsweise
durch eine stressige Klausurphase geht, muss man
sich zwischendurch auch immer wieder Pausen
gönnen. Ansonsten wird man am Ende sprichwörtlich
ausgebrannt sein. Wenn man beispielsweise 25
Minuten geschafft hat, sollte man sich eine kleine
Pause von 5 Minuten gönnen. In dieser Zeit kann ein
kurzer Spaziergang an der frischen Luft helfen. Dieses
hilft einem dabei weiter seinen Fokus zu stärken und
effektiv weiter zu arbeiten.

Schritt Nr.3 - Ein Blatt Papier für Geistesblitze:

Es kommt nicht selten vor, dass gute Ideen beim

Arbeiten entstehen. Diese will man auch nicht einfach

so verlieren. Das musst Du auch nicht! Lege dir

einfach ein Blatt Papier zurecht. Dort kannst Du dann

deine Geistesblitze aufschreiben. Der große Vorteil ist

dann, dass Du immer noch einen freien Kopf zum

arbeiten hast und diesen dann zum Arbeiten nutzen

kannst. Teste es beim nächsten Mal einfach selbst

aus und Du wirst feststellen, dass es sich auszahlen

wird.

Schritt Nr.4 - Protokoll führen:

Nicht alles, was wir uns vornehmen wird am Ende

auch genau so umgesetzt werden. Deswegen kann es

nicht schaden ein wenig Protokoll zu führen, um den

Überblick zu bewahren. Am Ende des Tages solltest

Du immer protokollieren wie viel Promodi Du wirklich

geschafft hast. Hierbei solltest Du ruhig ehrlich mit dir

selbst sein. Auch wenn Du am Anfang noch einen

Fehler machst, ist das in Ordnung. Aus Fehlern kann man bekanntlich lernen.

Schritt Nr.5 - Einfach machen:

Wenn dein Timer anfängt zu laufen, heißt das für dich, dass Du ins Tun kommen sollst. Das Motto lautet :,,Einfach machen". Jeder von uns hat am Anfang mit Ängsten und Perfektionismus zu kämpfen. Vielleicht schwirren dir noch viele Gedanken und Sorgen durch den Kopf. Diese sollten dich, aber nicht davon abhalten deinen eigenen Weg zu gehen. Dazu kannst Du deine Ängste und Sorgen nur ablegen, wenn Du dich mit ihnen aktiv auseinandersetzt. Wenn Du am machen bist, wirst Du feststellen, dass es im Grunde gar nicht so schwer ist und, dass Du schon eine Menge erreichen kannst, wenn Du einfach damit beginnst.

Dein ultimativer Plan für mehr Konzentration und Erfolg im Leben

Wer keinen Plan hat kann auch bekanntlich nicht viel erreichen. Auch wenn Du den besten Plan auf der Welt hast, wirst Du im Leben ohne einen Plan nicht weiterkommen. Oftmals wissen wir, aber nicht wie wir eine Sache angehen sollen. Das ist der Zeitpunkt, wo sich die To-Do-Listen häufen und man das Gefühl hat, dass einem das eigene Leben überholt hat. Meistens hilft es an dieser Stelle auf andere Methoden zurückzugreifen. To-Do-Listen sind zwar gut, um sich einen Überblick über die Dinge zu verschaffen, die man an einem Tag erledigen möchte. Sie helfen einem, jedoch nicht dabei weiter eine Struktur hinein zu bringen und die richtigen Prioritäten zu setzen. Hierfür muss man auf ein anderen Modell zurückgreifen. Diese Methode nennt sich das Eisenhower-Prinzip. Das Eisenhower-Prinzip wurde von dem gleichnamigen Präsidenten Eisenhower erschaffen. Es teilt die Aufgaben in vier Bereiche ein. Diese vier Bereiche werde ich dir im Folgenden genauer vorstellen und dir zeigen was Du daraus für dein persönliches Leben mitnehmen kannst.

Bereich Nr.1 - Wichtig und dringend:

In den ersten Bereich werden alle Aufgaben untergeordnet, die wichtig und dringend sind. Diese Aufgaben haben eine ganz klare Deadline. Das heißt, dass es ein bestimmtes Datum gibt, wo man mit seiner Arbeit fertig sein muss. Deswegen empfiehlt es sich diese Art von Aufgaben auf keinen Fall aufzuschieben. Du kannst dir das Aufschieben dieser Aufgaben wie ein großes Monster vorstellen, dass man ständig füttern. Irgendwann wird es so groß sein, sodass man es nicht mehr überwinden kann. Deswegen sollte man diese Art von Aufgaben so schnell wie möglich abarbeiten. Wenn Du das machst wirst Du dich viel besser fühlen und auch viel mehr Zeit und Energie für andere Dinge haben.

Bereich Nr.2 - Wichtig, aber nicht dringend:

Dieser Bereich in unserem Leben wird oft übersehen.

Darunter fallen alle Aufgaben, die wichtig, aber nicht dringend sind. Diese Art von Aufgaben bezeichnet man auch als unsere Lebensträume. Sie werden in den meisten Fällen übersehen und überhaupt nicht beachtet. Oft sagen wir dann zu uns selbst, wenn es um die Umsetzung geht :,,Das mache ich später". Was wir dabei, jedoch nicht bemerken ist, dass wir unsere Träume nur weiter aufschieben. Ein Lebenstraum kann bei jedem anders aussehen. Für den einen ist es der größte Lebenstraum um die Welt zu reisen und für den anderen ein großes Business aufzubauen. Man muss sich nicht auf einen einzigen Lebenstraum festsetzen. Darum geht es gar nicht. Wichtiger ist es jeden Tag daran zu arbeiten. Nur wenn Du kleine Schritte machst wirst Du später auch deine eigenen Ziele verwirklichen können. Das braucht seine Zeit. Das sollte, jedoch kein Grund für dich sein diesen Bereich in deinem Leben komplett außer Acht zu lassen. Wenn Du die Aufgaben aus dem ersten Bereich abarbeitest wirst Du feststellen, dass Du mehr Zeit für den zweiten Bereich hast. So kannst Du deine Lebensträume Tag für Tag mehr zur Wirklichkeit werden lassen.

Bereich Nr.3 -Nicht wichtig, aber dringend:

Der dritte Bereich in deinem Leben beschäftigt sich mit den Tätigkeiten, die zwar nicht wichtig, aber dringend sind. Darunter fallen Aufgaben, die an sich keinen großen Wert für dich haben. Trotzdem müssen sie gemacht werden, um dich weiter zu bringen. Darunter fallen Tätigkeiten wie zum Beispiel auf Emails zu beantworten oder Anrufe anzunehmen. Große und erfolgreiche Unternehmen geben diese Art von Aufgaben an ihre Mitarbeiter weiter. Das Management hat für diese Tätigkeiten nicht viel Zeit. Nicht anders sieht es mit erfolgreichen Unternehmen aus. Sie haben ebenfalls gelernt diese Art von Aufgaben zu delegieren. Wenn Du diese Möglichkeit hast, dann solltest Du sie auch nutzen. Falls das nicht der Fall sein sollte, dann solltest Du diese Art von Aufgaben so schnell wie möglich abarbeiten.

Versuche nicht so viel Energie in diese Art von Aufgaben zu stecken oder sie aufzuschieben. Am besten erledigst Du diese Aufgaben zu einem Zeitpunkt, wo dein Energielevel ziemlich gering ist. So rauben dir diese Tätigkeiten nicht zusätzliche Energie.

Bereich Nr.4 - Unwichtig und nicht dringend:

In den vierten Bereich fallen alle Aufgaben, die

unwichtig und nicht dringend sind. Diese Art von Aufgaben sollte man direkt in die Tonne schmeißen. Sie rauben einem zu viel Energie und Fokus. Meistens sind es einfach nur Ablenkungen, die uns kurz beschäftigen wollen. Du kennst das bestimmt auch aus deinem Alltag. Da ist man nur ein paar Minuten auf Facebook, um seine Nachrichten zu lesen und schon vergeht die Zeit. Dann wird noch ein Post gemacht, ein bisschen auf Instagram gesurft und zum Schluss noch ein paar belanglose Youtube-Videos geschaut. Auf diese Art und Weise vergeht die Zeit so schnell, sodass wir es gar nicht erst bemerken. Deswegen ist es wichtig hier ein wenig genauer hinzuschauen. Führe über 1 Woche Tagebuch und dokumentiere deine Tätigkeiten.

So kannst Du viel schneller herausfinden, wo deine
Zeit hingeht. Oft finden wir heraus, dass ein großer
Anteil unserer Zeit einfach verloren geht. Der beste
Weg, um dagegen vorzugehen ist es diese Art von
Aufgaben einfach über Bord zu schmeißen. Nur so
können wir mehr Zeit und Energie für andere Dinge
haben. Es wird nicht einfach sein von Heute auf
Morgen von seinen gesamten Ablenkungen weg zu
kommen. Darauf kommt es auch nicht an. Wichtig ist,
dass man lernt diese Dinge schrittweise abzubauen.
Nur so wirst Du dich in Zukunft nicht mehr ablenken
lassen und kannst die Zeit und Energie auch für
andere Dinge nutzen.

Wie Du das Eisenhower-Prinzip für dein Leben anwenden kannst

Mittlerweile hast Du einen ziemlich guten Überblick über das Eisenhower-Prinzip bekommen. Du kennst alle vier Bereiche und weißt auch, was in diesen Bereichen besonders wichtig ist. Nun kommt es auf dich an! Schnapp die ein Blatt Papier und einen Stift und fange damit an eine Matrix aufzustellen. Diese zeichnest Du am besten mit einem Stift. Sobald Du vier Quadrante hast, kannst Du damit anfangen die Aufgaben in die jeweilige Matrix einzutragen. Diese sind natürlich bei jeder Person unterschiedlich. Nicht jeder Mensch hat den gleichen Lebenstraum oder lässt sich im Alltag von den gleichen Dingen ablenken. Wenn Du dann die notwendigen Informationen fertig aufgeschrieben hast, solltest Du die Matrix irgendwo aufhängen. Am besten direkt über deinem Bett oder deinem Schreibtisch. Dort hast Du immer einen guten Überblick über deine Aufgaben und kannst auch viel besser bestimmen, was Du jetzt machen solltest. Das Eisenhower-Prinzip ist viel effektiver als eine To-Do-Liste. Eine To-Do-Liste verschafft dir nämlich lediglich

nur einen Überblick über deine Aufgaben. Sie gibt dir,
aber nicht vor welche Art von Aufgaben Vorrang
haben. So setzt Du dir im Alltag nicht die richtigen
Prioritäten und übernimmst dich bei deinen Aufgaben.
Teste einfach das Eisenhower-Prinzip selbst aus und
lass dir überzeugen.

Eat the frog

Mit dem Eisenhower-Prinzip hast Du schon mal einen
sehr guten Überblick darüber bekommen welche
Aufgaben in deinem Leben Priorität haben. In diesem
Kapitel will ich dir eine Technik mit an die Hand
geben, die besonders effektiv ist. Diese Technik wird
dir dabei weiterhelfen schon in den frühen
Morgenstunden einen messerscharfen Fokus zu
haben und nennt sich ,,Eat the frog".
Im Alltag neigen wir dazu wichtige Aufgaben ständig
aufzuschieben. Dabei handelt es sich meist um
Tätigkeiten vor denen wir Angst haben oder vor denen
wir uns nicht gewachsen fühlen. Wenn Du, aber
lernen willst messerscharfen Fokus aufzubauen, dann

musst Du dich direkt nach dem Aufstehen diesen Aufgaben stellen.

Bei jedem sehen diese Aufgaben anders aus. Der eine will endlich abnehmen und fit sein und die andere Person möchte lieber ein eigenes Online-Business aufbauen, aber hat immer noch Angst. Du solltest also damit beginnen dir einer dieser Aufgaben auszusuchen und sie direkt an den Morgen zu stellen. Bei mir war es am Anfang Sport. Also habe ich mich direkt nach dem Aufstehen erstmal dazu überwunden eine Runde um den Block zu laufen.

Daraus habe ich dann eine Morgenroutine entwickelt. Bei dir kann es auch eine andere Aufgabe sein. Wichtig ist nur, dass diese Aufgabe anspruchsvoll ist. Du solltest also nach dem Aufstehen nicht deine Nachrichten auf Facebook oder Instagram checken. Stelle dich stattdessen einer deiner Lebensträume. Wenn Du daraus eine Gewohnheit entwickelst, dann wirst Du automatisch zufriedener und glücklicher im Leben werden.

Warum Du eine Morgenroutine haben solltest

Eine Frage, die mir am häufigsten gestellt wurde ist warum einige Menschen erfolgreicher als die anderen sind. Darauf gibt es keine pauschale Antwort. Trotzdem habe ich mir sehr erfolgreiche Menschen genauer angeschaut. Egal ob es im Sport oder im Unternehmertum war. Eine Gemeinsamkeit konnte ich direkt erkennen. Alle diese Menschen hatten eine Morgenroutine.

Du fragst dich vielleicht noch warum eine Morgenroutine hilfreich sein soll und auf welche Art und Weise sie deine Konzentration steigern kann. **Es ist ziemlich simpel:** Direkt nach dem Aufstehen ist unser Gehirn ziemlich offen für neue Dinge. Die Dinge, die wir direkt nach dem Aufstehen wahrnehmen diese werden auch den Rest unseres Leben prägen. Du kannst dir das wie eine Reihe von Dominos vorstellen. Wenn Du den ersten Domino weg schießt, dann werden auch die anderen fallen.

Eine Morgenroutine ist nichts anderes. Wenn Du direkt nach dem Aufstehen zu deinem Handy greifst und dich von verschiedenen sozialen Medien ablenken lässt, dann wirst Du mit dieser Einstellung weiter durch den Tag gehen. Die Frage lautet hier, ob Du abgelenkt durch den Alltag gehen willst oder mit mehr Fokus. Die Antwort darauf sollte ziemlich klar sein, denn ansonsten würdest Du immerhin auch nicht dieses Buch lesen.

Eine Morgenroutine wird dir helfen diesen Fokus richtig aufzubauen. Wenn Du deinen Geist und deinen Körper schon in den frühen Morgenstunden Aufmerksamkeit schenkst, dann wird sich das auch automatisch auf dein gesamtes Leben auswirken. Du wirkst mit mehr Energie und Fokus durch den Alltag gehen. Das ist es worauf es ankommt. In den folgenden Abschnitten werde ich tiefer darauf eingehen wie eine Morgenroutine aufgebaut ist und wie Du alle Ebenen in deinem Leben schon in den frühen Morgenstunden aufwecken kannst. Die Morgenroutine solltest Du zwischen 5 und 6 Uhr durchführen.

So früh aufzustehen kann am Anfang eine ziemlich
große Herausforderung sein. Sobald Du
es, aber einmal geschafft hast, wirst Du feststellen wie
viel Vorteile es hat schon in der Früh aufzustehen.

Die körperliche Ebene:

Unseren Körper lassen wir im Alltag viel zu oft außer
Acht. Dabei ist unser Körper unser wichtigstes Gut,
was wir ständig mit uns tragen. Wer sich nicht um
seinen Körper kümmert wird früher oder später dafür
die Rechnung tragen. Wenn Du dich schon am
Morgen um deinen Körper kümmerst, dann wirst Du
dich auch im weiteren Verlauf des Lebens gut fühlen.
Dafür musst Du keinen Marathon laufen. Es ist auch
nicht empfehlenswert es schon in den frühen
Morgenstunden zu übertreiben. Wir wollen nur
versuchen unseren Stoffwechsel ein bisschen
anzutreiben und unsere Lymphe zu aktivieren. 10
Minuten um den Blog zu laufen oder ein Spaziergang
reichen dafür schon aus.

Die emotionale Ebene:

Wer emotional unstabil ist, tut sich im Alltag auch
damit schwer sich richtig zu konzentrieren. Das Gute
ist, dass Du deine emotionale Ebene schon am
Morgen aktivieren kannst. Meditation eignet sich dafür
besonders gut. Nachdem Du dich um deinen Körper
gekümmert hast, darf dein Geist auch nicht vergessen
werden. Suche dir also erstmal einen ruhigen Platz.
An diesem Platz solltest Du möglichst ungestört sein.
Ablenkungen sind also Tabu! Du musst übrigens in
keiner Weise religiös sein, um zu meditieren. Danach
nimmst Du eine geeignete Position ein, verschließt die
Augen und beginnst damit ein- und auszuatmen. 5 bis
10 Minuten reichen am Anfang vollkommen aus. Es
kommt nicht darauf an, dass man schon zu Beginn
stundenlang meditieren kann. Die Wirkung ist viel
entscheidender. Wenn Du tagtäglich meditierst, wirst
Du dich besser fühlen. Vor allem lernst Du, dass deine
Gedanken dich nicht mehr kontrollieren können. Das
ist nämlich ein großes Problem mit dem sich viele
Menschen herumschlagen.

Die mentale Ebene:

Die mentale Ebene kann man auch schon in den frühen Morgenstunden stärken. Dafür kannst Du dir beispielsweise eine Aufgabe aus dem zweiten Bereich aussuchen. Es geht nicht darum schon um 5 Uhr morgens stundenlang an seinem Projekt zu arbeiten. Viel entscheidender ist es jeden Tag etwas dafür zu tun. Vor einigen Jahren war ein großes Ziel bei mir beispielsweise Spanisch zu lernen. Also habe ich jeden Morgen 10 bis 20 Minuten Spanisch gelernt. Mittlerweile spreche ich die Sprache fließend.

Dankbarkeit:

Im Alltag vergessen wir sehr oft wofür wir eigentlich dankbar sind. Stattdessen fokussieren wir uns nur darauf, was wir nicht haben. Daran kannst Du schon am Morgen etwas verändern. Dankbarkeit zu üben ist gar nicht so schwer. Schnapp dir ein Blatt Papier und einen Stift und beginne damit jeden Morgen 3 Dinge aufzuschreiben für die Du dankbar bist. Das kann dein Bett oder ein neuer Trip sein, der auf dich wartet. Wenn Du magst, kannst Du dir hierfür auch ein kleines Heft zulegen. So fällt es dir noch einfacher eine effektive Gewohnheit aufzubauen.

Gut zu wissen: Eine Morgenroutine in sein Leben zu implementieren braucht seine Zeit. Dein Verstand wird sich am Anfang noch dagegen sträuben. Aus einer Morgenroutine eine Gewohnheit zu entwickeln braucht im Durchschnitt 30 Tage. Sobald Du diese Zeit überschritten hast, wirst Du feststellen, dass es dir einfacher fallen wird. Teste es einfach selbst aus!

<u>Ziele richtig formulieren</u>

Ein Mangel an Konzentration kann auch daraus resultieren, dass wir nicht gelernt haben unsere Ziele richtig zu formulieren. Einfach nur eine Vorstellung von dem zu haben, was man haben will, wird einen nicht weiterbringen. Ein Ziel wie :,,Ich will abnehmen" ist zwar gut, aber nicht ausreichend, um wirklich durchzuhalten. Mit so einem einfach formulierten Ziel schwindet die Motivation auch relativ schnell. Daher ist es besser seine Ziele genauer zu formulieren. Wer mehr Fokus haben will muss auch für die richtigen Konditionen sorgen. Hierzu gehört auch das richtige Formulieren der Ziele.

Ziele gut überlegen:

Bevor Du damit beginnst deine Ziele detailliert zu Papier zu bringen, solltest Du dir gut überlegen, was Du eigentlich erreichen willst. Sich einfach nur ein Ziel zu setzen ist meistens genauso wirkungsvoll wie ein Neujahrsvorsatz. Die Motivation scheint am Anfang noch groß zu sein, aber verschwindet wieder relativ schnell. Stattdessen sollte man sich ein Ziel überlegen wohinter man auch steht. Nur wenn dein inneres ,,Ja" groß genug ist, kannst Du auch zu anderen Dingen Nein sagen. Dir werden nämlich immer Hindernisse durch den Weg laufen. Das ist vollkommen normal. Wichtig ist nur zu lernen mit diesen Hindernissen richtig umzugehen. Wenn Du dir ein Ziel auswählst wohinter Du auch wirklich stehst, dann wird es dir auch einfacher fallen dieses Ziel richtig durchzusetzen.

Dein Ziel konkretisieren:

Sobald Du deine grobe Vorstellung von dem hast, was Du erreichen willst geht es im nächsten Schritt darum deine Ziele zu konkretisieren. Wir haben schon am Anfang festgestellt, dass das Ziel ,,Ich will abnehmen" schlichtweg zu einfach ist. Stattdessen solltest Du dir überlegen wieviel Du abnehmen willst. Setze dir hierbei realistische Ziele. Einfach nur zu träumen wird dich nicht weiterbringen. Wenn Du die Messlatte am Anfang niedrig ansetzt ist die Wahrscheinlichkeit auch größer, dass Du später viel mehr erreichen wirst. Überlege dir also gut was Du erreichen willst. Auf diese Art und Weise kannst Du später viel mehr verändern.

Unterteile dein Ziel in Unterziele:

Wenn Du dir ein großes Ziel gesetzt hast wie zum Beispiel 20 kg abzunehmen, dann ist es besser dieses zu unterteilen. Dieser Vorgang wird im NLP auch Cutting genannt. Der große Vorteil ist, dass Du dann nicht mehr vor einem riesengroßen Ziel stehst, sondern vor dir viele kleine Unterziele stehen. So wirst Du bei der Umsetzung selbstwirksamer und kannst auch eine Menge verändern. So kannst Du dir zum Beispiel überlegen, was Du in 1 Woche konkret dafür tun kannst, um deinem Ziel 20 kg leichter zu werden näher zu kommen. Schnapp dir ein Blatt Papier und einen Stift und beginne damit deine Ideen aufzuschreiben. Mit dem Cutting wirst Du auf viel effektivere Art und Weise deinen Zielen näher kommen und kannst im Endeffekt auch eine Menge erreichen.

Einen zeitlichen Rahmen festlegen:

Dein Ziel muss messbar sein. Ansonsten wird es dir

schwer fallen fokussiert zu bleiben und beim Arbeiten

den Fokus nicht zu verlieren. Überlege dir also in

welchem Zeitraum Du dein Ziel erreichen willst. Einen

kleinen Puffer einzubauen kann nicht schaden. Wenn

Du zum Beispiel jeden Monat 1-2 kg ohne zu großen

Aufwand abnehmen kannst, kannst Du innerhalb von

10 Monaten 20 kg leichter werden. Sobald Du deinen

zeitlichen Rahmen festgelegt hast kannst Du viel

besser agieren und dich bei der Umsetzung auch

besser konzentrieren.

Ziele immer positiv formulieren:

Bevor Du dir ein Blatt Papier und einen Stift

schnappst solltest Du dir darüber bewusst werden,

dass es besonders wichtig ist seine Ziele immer

positiv zu formulieren. Begriffe wie zum Beispiel

,,Nicht" sollten auf jeden Fall vermieden werden.

Sätze wie zum Beispiel :,,Ich will nicht fett sein"

kommen zum Beispiel gar nicht gut an.

Das Problem ist nämlich, dass unser inneres Auge dieses Nicht nicht sehen kann. Mental projizieren wir dann genau das Gegenteil von unserem ursprünglichen Ziel. Achte also beim Verfassen deiner Ziele immer darauf, dass diese positiv geschrieben werden.

Mache deine Ziele nicht von anderen Personen abhängig:

Wenn wir zu unsicher sind, dann neigen wir dazu unsere Ziele ständig von anderen Personen abhängig zu machen. Damit machen wir uns selbst im Grunde alles kaputt. Wer unser Ziel die ganze Zeit von anderen Personen abhängig ist, dann sind wir auch darauf angewiesen, dass die andere Person vollständig funktioniert. Oft führt das dazu, dass wir nicht ins Tun kommen. Besser ist es seine Ziele so unabhängig wie nur möglich zu formulieren.

Formuliere dein Ziel so, als ob Du es schon erreicht hättest:

Unser Unterbewusstsein nimmt sehr viel persönlich.

Deswegen ist es besser seine Ziele so zu formulieren, als ob man sie schon erreicht hätte. Der Vorteil ist, dass Du dein Unterbewusstsein darauf programmierst, als ob Du dein Ziel schon erreicht hättest. Sätze wie zum Beispiel :,,Ich versuche ein erfolgreiches Business aufzubauen" sind eher kontraproduktiv. Besser ist es Sätze wie :,,Ich werde ein erfolgreiches Business aufbauen" anzuwenden. Teste es einfach mal selbst und Du wirst feststellen, dass diese Sätze eine komplett andere Wirkung haben. Deine Ziele sollten immer in der Gegenwart formuliert werden. So gehen diese Ziele von Anfang an in Fleisch und Blut und auf diese Art und Weise kannst Du viel mehr erreichen.

Kenne deine Intention hinter deinem Ziel:

Um ein Ziel über einen längeren Zeitraum
verwirklichen zu können ist es wichtig, dass wir die
Intention dahinter sehen. Wenn wir uns einfach nur
irgendein Ziel vornehmen, dann hat das zur Folge,
dass wir es mit großer Wahrscheinlichkeit nicht
erreichen werden. Überlege dir also vor dem
Aufschreiben, was eigentlich deine Motivation ist.
Warum willst Du dieses Ziel erreichen und was spornt
dich an. Hierfür kannst Du dir auch die Vorteile dieses
Zieles vor Augen führen. Dann beginnst Du damit
dieses Ziel auf Papier zu bringen. Danach kannst Du
deine Motivation noch dran hängen. So bleibst Du bei
der Zielverwirklichung auch viel motivierter.

Schlusswort

Wenn Du es bis zum Schlusswort geschafft hast, hast Du schon eine Menge gelernt. Du kennst nicht nur die Ursachen für zu viel Konzentration, sondern auch Tipps und konkrete Techniken, die dir dabei weiterhelfen können dein Leben auf den Kopf zu stellen. Nun musst Du das Gelernte in die Praxis umsetzen. Nimm dir zuerst ausreichend Zeit, um heraus zu finden warum Du dich im Alltag nicht konzentrieren kannst. Die wahren Ursachen sind bei Person zu Person unterschiedlich. Es gibt Menschen, die einfach keine Motivation finden können und dann wiederum Menschen, die sich schlecht organisieren können. Damit Du deine Konzentration steigern kannst, musst Du erstmal herausfinden woher der Mangel an Konzentration und Fokus im Alltag kommt. Im nächsten Schritt kannst Du dann damit anfangen die Tipps und Tricks, die ich dir in dem Buch erläutert habe in die Praxis umzusetzen. Deine Konzentration und dein Fokus wird sich zwar nicht von Heute auf Morgen verändern. Trotzdem kannst Du jeden Tag

etwas dafür tun. Nutze also deine Gelegenheit, um
etwas zu verändern. Führe dir immer wieder vor
Augen, dass Du dein eigenes Leben selbst in der
Hand hast. Kein anderer Mensch kann dein Leben
verändern oder in eine gewünschte Richtung lenken.
Warum solltest Du diese Chance, also nicht
wahrnehmen?

Dein M. Rock und D. Leben

<u>Bonus die Dich weiter unterstützen kann</u>

<u>Entspannungsübungen</u>

Es gibt viele Entspannungstechniken und Übungen.

Die Frage ist grundsätzlich: was möchte ich erreichen?

Will ich Stress abbauen?

Will ich meinen Geist öffnen?

Will ich meinen Geist stärken?

Will ich schnell entspannen?

Will ich Ängste besiegen?

Will ich Einheit von Körper und Geist erreichen?

Jeder kennt Begriffe wie Yoga, Meditation und
autogenes Training.

Aber was hilft mir und für wofür ist was gut?

Ich verrate es Ihnen: Ich bin ein großer Anhänger vom
"Master Key System"und verweise hier wieder sehr
gerne auf das Meisterwerk

von Charles F. Haanel übersetz von Helmar Rudolph.

Sie werden in seinem Buch Meditationen
kennenlernen, die Ihren Geist öffnen um den Geist
des Universums zu empfangen, die Sie entspannen
und Ihre mentale Stärke extrem steigern.

Aber vielleicht möchten Sie sich entspannen, Stress
abbauen-dann ist Meditation oder Yoga zu empfehlen.

Wenn Sie den Unterschied zwischen Yoga und
Meditation wissen möchten:

die Übermittlung sagt, das Yoga die Vorbereitung zum
Meditieren ist.

Nun, viele 100 Jahre sind vergangen und Yoga und
Meditation haben sich entwickelt.

Machen Sie das wobei Sie sich wohlfühlen.

Meiner Meinung nach liegt der Hauptunterschied in diesem Punkt:

Beim Yoga ist Ihr Körper aktiv, bei der Meditation ruht er und der Geist ist aktiv.

Das Ziel von Yoga ist, Körper und Geist in Einklang zu bringen. Durch Atemtechniken entgiften Sie Ihren Geist und Körper und bringen beides in die Gegenwart.

Gedanken, die sich in der Vergangenheit (z.B. Bedauern und ähnliche) und der Zukunft (z.B. Sorgen) bewegen, werden in der Gegenwart gelenkt.

Es gibt viel spezielle Formen von Yoga. Besonders in den letzten Jahren haben

sich Arten wie Power Yoga und ähnliches entwickelt. Hier liegt der Schwerpunkt meiner Meinung nach mehr bei sportlicher Bewegung und schwitzen.

Egal welches Yoga Sie ausüben möchten, Sie brauchen unbedingt einen

erfahrenen Trainer, der Ihnen die Wirkungsweise erklärt. Als Anfänger machen Sie

innere wie äußere Haltungsfehler. Diese Fehler können Verletzungen mit sich

ziehen. Der Trainer zeigt Ihnen die richtigen Körperstellungen und kann Sie dabei,

falls notwendig, korrigieren.

Meditation

Auch hier gibt es viele verschiedene Arten und
Lehrmeinungen.

Einige sind religiös verankert, andere bauen auf
Befreiung des Geistes und

Fokussierung sowie Konzentration.

Das Ziel ist es, sich auf eine Sache zu
konzentrieren und alles andere auszublenden und
von sich wegfließen zu lassen.

Ein Beispiel aus dem Master Key System:

Sie setzten einen Samen in den Boden ein und
sehen in Gedanken, wie die Pflanze wächst. Dies ist
eine schöne schöpferische Mediation.

Und wie bei allen Übungen erlangen Sie auch hier
nur durch stetiges Wiederholen Stärke und Kraft.

Autogenes Training

In meiner Ausbildung im Klinischen Bereich lernte ich,
dass das autogene Training eine
Entspannungsmethode der Selbstbeeinflussung ist
und die Progressive Muskel Relaxation (PMR) eine
Methode, mit der man selbst lernen kann, um sich
gezielt zu entspannen.

 Das wichtigste Entspannungsverfahren:

Eine Art beim autogenen Training sind 6
aufeinander bauende Übungen

1. Erlebte Schwere (Körperteile)
2. Erlebte Wärme (Körperteile werden warm)
3. Regulierung des Herzschlags (schneller oder
   langsamer)
4. Regulierung des Atmens(gleichmäßig)
5. Wärme im Bauch
6. Kühle auf der Stirn

Die Wiederholungen bei dieser Art von Übungen
sind wichtig um es ins

Unterbewusstsein einzubrennen.

Ziel ist es, das Erlernte in Alltagssituationen schnell
abzurufen zu können,

z.B. bei Prüfungssituationen

Progressive Muskel Relaxation

Die Progressive Muskel Relaxation (PMR), baut auf anderen Ansätze auf. Durch Entspannung der Muskulatur wird der Geist beruhigt.

In einer Bestimmten Reihenfolge werde Muskelgruppen angespannt und dann wieder entspannt. So lernt man bewusst, Muskelentspannung jederzeit herbeizuführen.

Ziel ist es die Erregung und Verspannung zu verringern.

Die Übungen können Sie sogar beim Autofahren machen.

Gedankenreise

„Ich bleibe ruhig und gelassen."

Hier liegt der Ansatz darin, seelische Entspannung in körperliche Entspannung

umzuwandeln.

Sie sind vergleichbar mit Mediation, aber Meditationstrainer bestehen darauf, dass es

 mit Meditation nicht zu tun hat.

Bei den Reisen geht es darum, sich gedanklich an entspannende Orte zu versetzen.

Alles ist erlaubt, jeden Ort, der Ihnen positive Gedanken bringt, ist gut.

Ein großer Vorteil der Variante ist die Schulung der Vorstellungkraft und Stärkung der

Konzentration.

Wer regelmäßig übt, kann in Alltagssituationen schnelle Entspannung bewirken.

Entspannungsverfahren aus China

Qigong und Tai Chi sind zwei Übungen, die sowohl Kampfkunst als auch Meditation sind.

In China sind sie Volkssportarten, die selbst bei der Arbeit gemacht werden.

Ying und Yang, die Grundsätze der Harmonie der Gegensätze

Dieses Prinzip kennen wir bereits aus dem Hermetischen Prinzip.

In fließenden Bewegungsabläufen liegt hier der Schlüssel in der Atmung und Konzentration.

Fazit zu Entspannungsverfahren

Sie helfen bei körperlichen und geistigen
Verspannungen. Entspannungsverfahren bauen auf
unterschiedlichen Ansätzen auf. Wählen Sie den, der
am besten zu Ihnen passt.

Sie müssen sich selbst entscheiden, meine
Entscheidung kennen Sie.

Wichtig bei all diesen Verfahren ist aber das
regelmäßige Üben.

Welche Dufte können sie wofür verwenden?

Lavendel

Ausgeglichenheit in Kombination mit einer belebenden Wirkung

Anwendung: bei Schlafstörung, Kopfschmerzen, Depression

Melisse

Das Wunder gegen Stress. Es stärk und harmonisiert den Geist und Körper.

Anwendung: nervöse Verspannungen, Schlafstörungen, Depression, Melancholie

Anis

Sorgt für Stabilität und Ausgeglichenheit für Geist und
Körper.

Anwendung: Überreizung und innere Unruhe, Stress

Rose

Der Alleskönner

Anwendung: Verspannungen, Angstzustände,
Gefühlsschwankungen, Lustlosigkeit.

Geranie

Entspannt

Anwendung: Bei Erschöpfung und Stress

Ylang Ylang

Ein besonderer Duft zur Entspannung

Anwendung: Verspannungen, Angstzustände, Gefühlsschwankungen, Lustlosigkeit und Unruhe

__Bergamotte__

Steigert die Laune

Anwendung: Hebt die Stimmung, hilft bei Stress, Erschöpfung und Angstzuständen.

__Zitronengras__

Anregende Wirkung auf Geist und Körper

Anwendung: hebt die Stimmung, gegen Antriebsschwäche und Ängste

<u>*Vanille*</u>

Ein warmes Wohlfühlgefühl wird im Raum verteilt

Anwendung: Entspannend, hebt die Stimmung, wirkt
wärmend

<u>*Orange*</u>

Anregende Wirkung auf Geist und Körper

Anwendung: hebt die Stimmung, gegen
Antriebsschwäche und Stress

Rosmarin

Hier werden die Lebensgeister geweckt.

Anwendung: Stress, Erschöpfung und Ängste, hilft bei
Migräne

Zimt

Sehr würziger Duft

Anwendung: stärkt die Nerven, hilft gegen
Verspannungen und Schwächezustände, wärmt

Fichtennadel

Anwendung: bei fehlender Motivation, Schwäche, Nervosität, Stress

Kamille

Geist und Körper werden beruhigt.

Anwendung: Allgemein zur Beruhigung

Jasmin

Hilft bei Verkrampfungen des Geistes, der Ideale
„Seelen- Tröster".

Anwendung: hebt die Stimmung, wirkt gegen
Antriebsschwäche und Stress

Palmarosa

Anwendung: Verspannungen, Angstzustände,
Gefühlsschwankungen, Lustlosigkeit

<u>Petitgrain</u>

Erfrischender Duft

Anwendung: Unzufriedenheit, Stress, Schwäche,
Abgeschlagenheit.

<u>Sandelholz</u>

Anwendung: gegen fehlende Motivation, Schwäche,

Nervosität, Stress

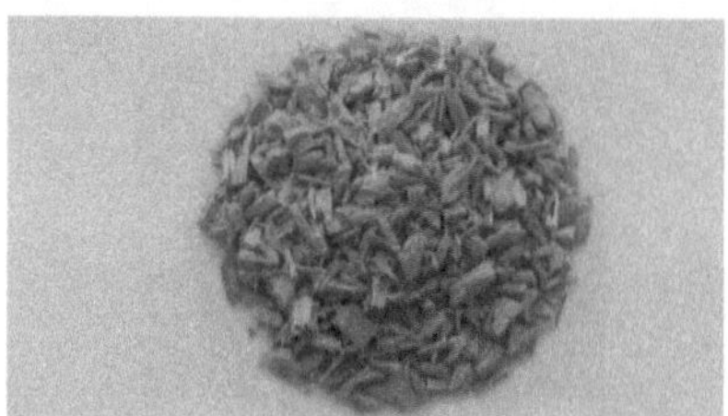

Zedernholz

Entspannt die Nerven und kräftigt den Geist.

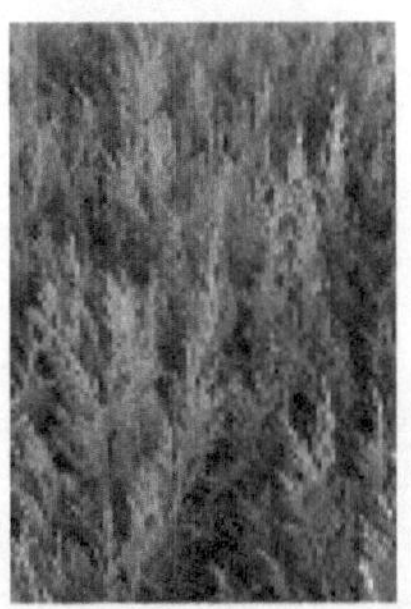

Angelikawurzel

Anwendung: Mutlosigkeit und Zaghaftigkeit

<u>Citronella</u>

Anwendung: belebend, aktivierend, hebt die
Stimmung und hilft bei Antriebslosigkeit

<u>Eukalyptus</u>

Anwendung: Erkältungen und Husten, Heuschnupfen,
erfrischt und stärkt den Geist.

Pfefferminze

Anwendung: bei Erkältungen und Husten, erfrischt
und stärkt den Geist besonders das Gedächtnis,
beruhigt bei Erkältungen

Rosenholz

aufhellend und ausgleichend, entspannend bei
seelischen Problemen und Depressionen

Anwendung: gegen Verspannungen, Angstzustände
und Lustlosigkeit, hebt die Stimmung

Zitrone

Wirkt: belebend und erfrischend

<u>Was ist eigentlich Farbe</u>

Jeder von uns verwendet Farben zum gestalten seines Heims oder zum Basteln.

Sie haben bestimmt eine Lieblingsfarbe, die Sie seit langer Zeit begleitet.

Warum ist das so? Genau wie bei Düften erleben wir bei Farben Energie (den Geist), die uns immer umgibt und die wir unterbewusst und ohne viel zu tun nutzen können.

Sie benötigen nur das Wissen und ich lege dafür hier die ersten Grundlagen.

Farben sind Lichtwellen und Farbwellen, die auf den Menschen günstig Wirken, also reine Energie (Geist). Farbtöne bewirken unterschiedliche Ergebnisse auf Geist und Körper und beeinflussen diese vorteilhaft.

Es gibt Bereiche der Medizin, Psychologie und Homöopathie sowie Heilpraktiken, die sich auf Farbtherapie spezialisiert haben.

Ziel der Farbtherapie (Chromotherapie) ist es, die Balance der Energie (Geist) zu

stärken und **Behinderung des Energieflusses** zu beseitigen.

Die beruhigende Wirkungen kann sogar zur Linderung von Schmerzen dienen.

Farben haben, jede für sich, spezielle Wellenlängen.

Ein Beispiel:

Jeder hat das bestimmt in seiner Kindheit/Jugend kennen gelernt:

Die Mittelohrentzündung, wird von Hals -Nasen- Ohrenärzten auch heute noch mittels

Rotlichtlampen therapiert wird. Eine Lampe, die rotes Licht ausstrahlt.

Gehen sie kurz in ihren Gedanken zurück und überlegen sie, was Sie empfunden haben.

Wärme, oder ?

Aber wenn Sie mal nachsehen, was eine
Rotlichtlampe ist, stellen Sie fest, dass es eigentlich
normale Glühbirnen sind, mit 100 bis150 Watt mit
roten Überzug.

Ergo nichts anderes als das, was wir an unseren
Decken hängen haben.

In Ordnung,

Sie haben Recht, heute haben wir Sparlampen. Aber
der einzige richtige Unterschied ist eigentlich die
Farbe.

Klar gibt die Lampe über die Wattzahl Wärmeenergie
ab aber durch die rote Farbe wird die Wärme
verstärkt.

Versuche haben ergeben, dass Probanden, die die
identischen Birnen aber mit

blauem Farbton testeten, diese als viel kühler
empfunden haben.

<u>Wobei helfen Farben ?</u>

-Schlafstörungen

-Muskelverspannungen

-Kopfschmerzen

-Stress

-sie wirken entspannend bei seelischen Problemen
und Depressionen

-bei Konzentrationsproblemen

-bei Stoffwechselstörungen

-gegen Entzündungen (Rheumatische Beschwerden)

-stärken das Immunsystem

-heben die Stimmung

-wirken gegen Ängste und Nervosität

Farbtönen zugeschriebene Eigenschaften

Jeweilige Farbwellen, deren Schwingungen auf den Geist, die Seele und den

Körper einwirken.

Rot :

steht für Wärme, körperliches Leben, Urkraft

Tiefrot:

hebt die Stimmung, steigert den Willen und den Antrieb

Orange:

steht für positives Denken, wirkt gegen Ängste, hilft bei

Niedergeschlagenheit und Traurigkeit, hebt die Kreativität, Lebensfreude und die Stimmung.

Gelb:

fördert den Optimismus, Freundlichkeit und Vergnügen

Dunkelgelb:

_hilft bei dem Gefühl der Unzufriedenheit und Gekränktheit

<u>Grün:</u>

regeneriert und harmonisiert, unterstütz bei starken Stimmungsschwankungen

<u>Türkis/Hellblau:</u>

unterstütz bei übermäßigem Grübeln, Gedankenkreisen und

fördern kühlende, beruhigende und entzündungshemmend Prozesse

<u>Helltürkis:</u>

hilft bei Traurigkeit und Bedrücktheit, die ohne ersichtliche Gründe auftritt

<u>Blau:</u>

hilft zu entspannen und wirkt befreiend und kühlend

<u>Tiefblau:</u>

hilft bei Stress, Hektik und Ungeduld sowie Muskelverspannung

<u>Indigo</u> wirkt appetithemmend, schmerzlindernd, kühlend, reinigend

92

Dunkelrosa:

hilft bei innerer Leere und Ziellosigkeit

Hellrosa:

hilft bei psychischem Druck und sehr hoher seelischer

oder körperlicher

Belastung

Violett:

_öffnet den Geist zu spirituellem Neuen

Tiefviolett:

_unterstütz bei starker psychischer Anspannung

wegen Ausweglosigkeit

und Hoffnungslosigkeit

Magenta/Pink:

wirkt kräftigend und vitalisierend

<u>Farben könne sich gegenseitig aufheben</u>

Komplementärfarben sind in der Lage sich gegenseitig auszulöschen oder zu verstärken

Rot <=>Blau

Gelb<=>Violett

Grün<=> Orange

Geben Sie Acht auf die Kombination!

<u>Wie helfen mir Farben</u>

Sie können mit den richtigen Farben ihre Räume bei der nächsten Renovierung neu gestalten oder farbliche Akzente mit Details setzen und wissen, welche Wirkung diese haben.

Für Besprechungen, die Farbe Ihres Outfits so Auswählen, das Sie ihr Ziel erreichen.

Oder einfach nur Ihre persönlichen Vorteile mit Hilfe der Farbauswahl stärken.

Aber denken Sie daran: verschieden Farben heben sich gegenseitig auf.

In der Farbtherapie werden bis zu 90.000 verschieden Farben eingesetzt.

Dies wird mit Hilfe von Helligkeit und der Sättigung der Farbtöne erreicht.

Das wird durch verschiedenste Farbbeleuchtungsgeräte erreicht. Bei Farben als

Therapie sollten Sie aber Vollprofies konsultieren, die Ihnen perfekt helfen können.

Machen Sie bitte keine Selbstversuche. Sie könnten mehr schaden als nutzen.

Es geht hier nur um alltägliche Beeinflussung durch Farbtöne und wie Sie diese nutzen können.

Sie sehen, mit wenig Aufwand können Sie sehr viel erreichen.

Wie waren die Informationen?

Solltest Du Gefallen an meinem Buch gefunden haben, wäre ich Dir sehr dankbar für Deine Bewertung. Um eine Bewertung zu hinterlassen,

klicke einfach hier ⇨ <u>folgt noch</u>

und bewerte das Buch mit einigen kurzen Sätzen.

Das dauert nicht länger als 2 Minuten.

Schreibe, was Dir ganz besonders gut gefallen hat und natürlich auch (konstruktiv), solltest Du etwas vermisst haben. Ich lese wirklich jede Bewertung und jedes persönliche Feedback (*info@rdw-traders-club.de*). Das hilft mir dabei, meine Bücher stetig zu verbessern und den persönlichen Kontakt mit meinen Lesern zu intensivieren.

Auf meiner Facebook Seite, in unserer geschlossenen Gruppe, lade ich Sie gerne ein das wir verschieden aktuelle Erlebnisse Diskutieren können und jeder für sich bewerten kann.

Weil meist gibt es nicht nur eine Wahrheit.

https://www.facebook.com/m.rockit/

Besuche mich auf Homepage:

http://www.rdw-traders-club.de/BUeCHER-VON-RDW

Wenn Du über Aktion und Angebote informiert werden möchtest,

Trage Dich bei unserem Newsletter-dienst ein,

versprochen kein Spam.

http://www.rdw-traders-club.de/epages/80159646.sf/de_DE/?ObjectPath=/Shops/80159646&ViewAction=ViewNewsletterVielen herzlichen

Dank für Deine Unterstützung.

M. Rock

Mein Facebook Seite

https://www.facebook.com/m.rock/

Für Fragen und Anregungen:

info@rdw-traders-club.de

Mein Facebook Seite

https://www.facebook.com/M-Rock

BUCHTITEL

Erfolg durch „Konzentration " und „Fokussieren ",
Konzentriert arbeiten, Konzentration steigern und
Fokus schärfen.

Ziele setzten für mehr Erfolg im Leben.

Autoren M. Rock und D. Leben

Auflage,1   JAHR 2018

© by M Rock

Herausgeber dieses Buches ist

Lektorat & Korrektorat: RDW – Traders CLUB

Cover: Germancreative
(https://www.fiverr.com/germancreative)

ISBN: 9781718077157

Bilder: werden ausschließlich von
https://pixabay.com/ verwendet

Druckerei: Amazon Media EU S.à r.l., 5 Rue Plaetis,
L-2338, Luxembourg

Bücher Tipp

Bücher Tipps aus meiner Buchserie

KURZ UND KNAPP

Hier geht es zum BUCH

Hier geht es zum BUCH

Hier geht es zum BUCH

Hier geht es zum BUCH

Hier geht es zum BUCH

Hier geht es zum BUCH

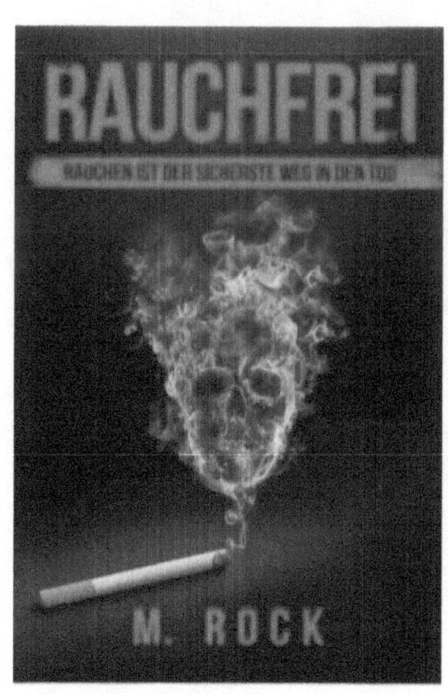

Hier geht es zum BUCH

Hier geht es zum BUCH

Hier geht es zum BUCH

Hier geht es zum BUCH

Hier geht es zum BUCH

Hier geht es zum BUCH

www.ingramcontent.com/pod-product-compliance
Lightning Source LLC
Chambersburg PA
CBHW031309250726
48656CB00005B/1708